AF380997

DÉVELOPPER SON ASSERTIVITÉ

Apprendre à s'affirmer dans le respect de l'autre

Par Véronique Bronckart

DÉVELOPPER SON ASSERTIVITÉ

- **Problématique ?** Comment défendre son point de vue et ses besoins tout en respectant ceux d'autrui ?
- **Utilité ?** S'affirmer en étant soi-même sans paraître arrogant ou agressif permet de développer une communication efficace et saine en entreprise.
- **Contexte professionnel ?** Relations professionnelles, développement personnel, psychologie sociale, management, gestion de conflits.
- **FAQ ?**
  - <u>Qu'est-ce que l'assertivité ?</u>
  - <u>Dans quelles situations l'assertivité peut-elle me servir ?</u>
  - <u>Comment être assertif sans paraître agressif ou arrogant ?</u>
  - <u>Assertivité ou égoïsme ?</u>
  - <u>Comment changer mon comportement pour être plus assertif ?</u>

° <u>Quel impact l'assertivité peut-elle avoir sur ma vie professionnelle ?</u>

Que ce soit dans le cadre de la vie privée ou professionnelle, nous faisons régulièrement face à des demandes qui nous dérangent parce qu'elles sont trop récurrentes ou qu'elles ne correspondent pas à nos valeurs. Et trop souvent, nous n'osons pas dire « non », par crainte de décevoir ou pour éviter un conflit, et ce malgré la frustration, la tristesse ou la colère que cette situation peut provoquer en nous. Alors, comment éviter cela ? Comment ne plus se contenter de répondre par un : « Comme tu veux » ? Comment s'affirmer sans provoquer de conflit ou de déception ? Comment ne pas blesser son entourage tout en défendant ses droits ?

Une seule solution : l'assertivité. Ce comportement est parfois confondu avec l'arrogance ou l'agressivité ; cependant, il n'en est rien. En effet, alors qu'un comportement agressif a pour objectif de nuire à autrui, et que l'arrogance s'apparente au mépris de son interlocuteur, l'assertivité, elle, vise au respect de l'autre et de soi-même. La frontière entre les deux est cependant poreuse et il suffit d'une petite erreur pour être considéré comme menaçant plutôt que bienveillant. Dès lors, il est impératif de communiquer de façon adéquate. Pour cela, une bonne connaissance de soi, de ses besoins et de ses valeurs est nécessaire.

Si vous aussi vous éprouvez des difficultés à argumenter, à dire « non » ou que vous n'osez pas vous affirmer lors d'une réunion, face à vos collègues ou à votre supérieur hiérarchique, cet ouvrage vous aidera à sortir de ces situations. En 50 minutes, découvrez les clés qui vous permettront de développer votre assertivité à travers des étapes à suivre, des conseils et des exercices.

B.A.-BA DE L'ASSERTIF EN PUISSANCE

QU'EST-CE QUE L'ASSERTIVITÉ ?

Provenant de l'anglais *to assert* qui signifie « s'affirmer », l'assertivité désigne la capacité à s'exprimer et à défendre ses droits et ses opinions, tout en respectant ceux des autres. En effet, un comportement assertif consiste à énoncer de façon directe et honnête ses besoins, ses émotions, ses limites ou ses convictions, et ce avec confiance et assurance, sans pour autant frustrer son interlocuteur.

Malheureusement, suite à une mauvaise communication ou une interprétation erronée, l'assertivité est souvent prise pour de l'agressivité ou de l'arrogance, alors même que son but est de garantir le respect mutuel et non de nuire à autrui. Ce tableau comparatif des différents comportements des individus dans le cadre de relations professionnelles vous aidera à mieux saisir ce concept :

Les différents comportements en entreprise

LA FUITE	Attitude défensive. N'apporte aucune solution et reporte le problème inlassablement.
LA PASSIVITÉ	Attitude de complaisance pouvant être comparée à la fuite et généralement due à l'incapacité de s'exprimer à cause d'un manque de confiance en soi. Cela peut engendrer la négation de soi.
L'ASSERTIVITÉ	Attitude réfléchie basée sur le respect de soi et d'autrui faisant appel à une capacité de communication directe, honnête et appropriée face à la situation. Ce comportement entretient des relations professionnelles saines et efficaces.

LA MANIPULATION	Attitude dominatrice qui oriente la conduite et les opinions d'une personne par la ruse. L'objectif est d'arriver à ses fins, par n'importe quel moyen au risque de créer des conflits. Ce comportement manque de respect vis-à-vis de l'autre.
L'AGRESSIVITÉ	Attitude offensive ayant une répercussion très négative et dont le but est de nuire à l'autre. Ce comportement violent n'apporte rien de positif et peut aboutir à un rejet de l'entourage.

SON UTILITÉ DANS LE CADRE PROFESSIONNEL

L'assertivité prend une place importante dans le cadre des relations professionnelles ou des situations de management :

- vos relations professionnelles s'améliorent et deviennent saines grâce à l'expression claire et franche des besoins respectifs ;
- vous développez votre intelligence relationnelle, c'est-à-dire la capacité d'adapter votre mode de communication en fonction de votre interlocuteur et de la situation, et mettez vos collègues à l'aise ;
- vous augmentez vos chances de remporter vos négociations et de conclure fermement vos contrats ;
- vous réduisez les sources de stress et les risques de burn out en osant dire « non » poliment à vos collègues lorsque vous êtes surchargé ;
- vous renforcez votre confiance et le sentiment de sécurité de votre personnel vis-à-vis de vous en assumant vos responsabilités et votre prise de position ;
- vous apprenez à formuler des critiques constructives afin d'encourager le changement d'actes ou de comportements en vue d'atteindre les objectifs fixés ;
- vous déjouez les jeux de pouvoir et les manipulations en restant honnête avec vous-même, en respectant vos besoins et ceux des autres ;
- finalement, vous améliorez votre bien-être.

Il suffit qu'une ou deux personnes développent ce comportement positif pour que l'ambiance générale de l'entreprise s'en ressente. Les échanges entre les services ainsi que les réunions gagnent en efficacité car la communication passe mieux. Les objectifs sont mieux définis, le rôle et la contribution de chacun clairement identifiés, ce qui peut également diminuer les sources de conflits. Il en va de même pour les attitudes négatives : traiter ses collègues avec mépris les poussera à reproduire le même schéma. Agissez en conséquence pour votre bien-être et celui de votre équipe.

COMMENT OSER S'EXPRIMER ?

Afin d'oser s'exprimer, il est impératif d'apprendre à se connaître, à se respecter, à maîtriser ses émotions, et à communiquer ses attentes, tout en limitant les désagréments chez votre interlocuteur. Si cela vous semble compliqué, basez-vous sur les étapes suivantes pour vous simplifier la tâche.

Les étapes de l'assertivité

Connaissance de soi

La première étape vers l'assertivité consiste à prendre conscience de ses besoins, de ses craintes, de ses valeurs et de ses limites afin de les accepter. Pour cela, demandez-vous : « De quoi ai-je besoin ? Qu'est-ce qui est important pour moi ? Qu'est-ce qui me motive ? Qu'est-ce que je redoute ? En quoi cette situation me dérange-t-elle ? Quelles émotions cette situation provoque-t-elle en moi ? Quelles sont mes limites ? » Poser ce cadre vous aidera à cerner ce qui est fondamental pour vous et ce qui ne l'est pas. En effet, inutile de vous affirmer et d'argumenter sur tous les sujets, concentrez-vous sur ceux qui vous tiennent à cœur.

TROIS CATÉGORIES DE LIMITES

Il convient de préciser qu'il existe différentes formes de limites. On retrouve celles liées :

- **au « possible » et à l'« impossible ».** Il s'agit de différencier ce qui est réellement et physiquement réalisable de ce qui ne l'est pas. Par exemple, il vous sera impossible d'envoyer un e-mail si votre

connexion internet ne fonctionne pas ;
- **aux règlements et aux normes.** Cela concerne essentiellement des actes ou des comportements qui ne respectent pas les règles mises en place, qu'elles soient reprises dans un règlement, une loi, ou qu'elles découlent du savoir-vivre. Il sera par exemple malvenu de fumer pendant une réunion ;
- **à vos valeurs, à vos croyances et à vos besoins.** Ces limites apparaissent lorsque les actions ou les tâches que l'on vous demande d'effectuer provoquent chez vous un sentiment de frustration, de malaise ou de colère, car elles sont contraires à vos valeurs, ne respectent pas vos croyances, ou vous empêchent de satisfaire vos propres besoins. C'est principalement de cette catégorie de limites dont il est question dans le cadre d'un comportement assertif. Imaginons que votre collègue vous demande de modifier un chiffre mentionné dans un document comptable pour camoufler une erreur qu'il a commise : non seulement, cela est contraire aux règles, mais aussi

à l'une de vos valeurs, l'honnêteté. Ou encore, votre patron vous demande de rester plus tard pour finaliser un dossier ; or vous êtes invité(e) au restaurant pour fêter l'anniversaire d'un ami : cela vous contrarie puisque vous aviez besoin d'être disponible ce soir.

Je me respecte, je te respecte, respecte-moi

Comme expliqué précédemment, l'assertivité se base sur le respect de soi et d'autrui. Se respecter passe par la capacité à communiquer avec soi-même. Il ne s'agit pas d'effectuer un monologue intérieur, mais de prendre conscience et d'accepter qui vous êtes (votre personnalité), ce que vous êtes (votre comportement et vos actes), ce que vous savez faire (compétences, capacités) et ce qui est important pour vous (valeurs, désirs, besoins). Vous pourrez ensuite agir en accord avec vous-même et éviter toute source de frustration, de mal-être ou de stress. Prenons un exemple : l'un de vos collègues vous demande de l'aider à terminer un rapport. Cela vous dérange, car vous avez beaucoup de travail à finir et vous savez que si vous acceptez, vous prendrez du retard, situation qui vous contrarie plus que tout. Ainsi, soulager votre collaborateur – ce qui par ailleurs constituerait une marque d'écoute et de respect envers lui – se ferait pourtant au détriment de votre bien-être. Attention, il ne s'agit pas ici de refuser systématiquement les requêtes de votre interlocuteur sans l'écouter ! Afin de respecter les deux parties, analysez les besoins de chacun et trouvez un compromis : expliquez à votre collègue que vous devez finir un dossier urgent, mais que vous l'aiderez une fois cette tâche achevée. Cette solution répond aux différentes formes de respect :

Formes de respect

Je te respecte	« Tu sais que j'accepte toujours de t'aider. »
Je me respecte	« Cependant, je le ferai une fois mon dossier urgent terminé. »
Respecte-moi	« Si tu m'avais prévenu plus tôt, j'aurais pu m'organiser. »

Afin de vous assurer que vous respectez bien votre intégrité et celle de votre interlocuteur, utilisez les positions de vie de l'analyse transactionnelle qui permet d'analyser, de comprendre, et de prendre conscience de ce qui se déroule lors d'une relation entre différentes personnes. Concept développé par le psychologue américain Éric Berne (1910-1970), la position de vie représente la valeur que l'on attribue à soi-même et aux autres. On distingue l'idée positive (nommé « OK » en analyse transactionnelle et représentée par un « + ») que l'on a de soi, d'autrui et du monde, de l'idée négative (« non OK » et symbolisée par un « - »). L'auteur établit ainsi quatre positions de vie :

Positions de vie

OK/OK (+/+)	OK/NON OK (+/-)
Respect mutuel et égalité entre les parties. Relations basées sur l'échange, le partage et la collaboration en vue d'atteindre un résultat win-win.	Vous êtes en position de domination après avoir imposé votre idée ou votre ressenti. Ce comportement est souvent celui d'une personne qui se surestime et se pense supérieure aux autres.
NON OK/OK (-/+)	**NON OK/NON OK (-/-)**
Vous avez adopté une position de soumission et accepté la demande de l'autre sans exprimer votre avis ou votre besoin. Cette attitude provient souvent de l'image négative qu'une personne a d'elle-même et d'un manque de confiance en elle.	Position d'échec ne menant à rien, les deux parties étant en total désaccord. Cela peut être le résultat d'un manque de connaissance de soi, d'un manque d'écoute et d'ouverture et de l'absence d'échange entre les interlocuteurs.

Pour considérer à la fois vos besoins et ceux des autres, veillez à atteindre la position de vie « +/+ ».

S'ouvrir avant de s'affirmer

Être assertif, c'est également oser s'exprimer ou refuser, tout en restant ouvert et communicant. Pour atteindre le bon équilibre, il est nécessaire d'écouter l'autre, de le comprendre, et d'accepter sa position ainsi que ses besoins avant d'exprimer les siens propres. Trop souvent, on oublie de tenir compte de l'interlocuteur. C'est le cas par exemple lorsqu'un assistant de direction ayant reçu l'ordre de ne passer aucune communication à qui tente de joindre le manager se contente de répondre que ce dernier est indisponible. Il ne prend pas la peine de s'interroger sur le degré d'importance de l'appel et des retombées que cela peut engendrer si la personne n'arrive pas à le joindre. Ouvrez-vous toujours à votre interlocuteur en le laissant exprimer ce qu'il souhaite vous dire.

Maîtriser ses émotions

Les émotions que nous ressentons au quotidien nous définissent en tant qu'être humain. Mais en cas de stress, elles nous envahissent, nous empêchent de réfléchir correctement et peuvent nous induire en erreur. Parmi elles, nous retrouvons l'angoisse provoquée par l'anticipation d'un échec possible, la déception causée par une insatisfaction concernant une situation, ou encore la colère qui se traduit par un vif mécontentement voire par de la violence physique. Quand on se laisse emporter par nos émotions, la situation peut alors rapidement nous échapper. Pour éviter cela, la clé consiste à développer une meilleure perception cognitive de ce qui se déroule lorsque nous nous trouvons dans ces états.

Pour vous en rendre compte, analysez une situation conflictuelle récente et demandez-vous : « Qu'est-ce que j'ai ressenti dans cette situation ? Pourquoi cela a-t-il éveillé chez moi de la colère, de l'angoisse, ou de la tristesse ? Ai-je pu accepter ce sentiment ? L'ai-je exprimé, et comment ? Comment l'ai-je canalisé ? » Ces questions vous permettront de comprendre et d'identifier la cause de vos émotions et d'apprendre ainsi à mieux les maîtriser.

Par exemple, un soir, votre patron vous demande de rester une heure plus tard pour finaliser un dossier alors que vous devez récupérer vos enfants à l'école. Si vous avez tendance à vous soumettre par crainte de ne pas le satisfaire, vous ressentirez probablement à ce moment un mélange de crainte (vous avez peur de vous affirmer car il représente l'autorité), de frustration (vous n'osez pas exprimer vos besoins) et de tristesse (vous aviez promis à vos enfants de venir). En analysant la situation, en comprenant la raison de ces ressentis et en travaillant à les canaliser, vous parviendrez à mieux les gérer et, à terme, vous oserez vous imposer.

Oser dire

Car effectivement, oser dire n'est pas toujours évident. Sous prétexte de ménager l'autre, nous avons tendance à ne pas nous exprimer par peur de sa réaction ou parce que nous avons honte de nos propos. Nous préférons alors privilégier les besoins et les envies d'autrui plutôt que les nôtres. Ainsi, lorsque l'un de vos collègues vous propose de participer à un séminaire qui ne vous intéresse pas, au lieu d'accepter par politesse, osez lui dire votre ressenti et décliner l'invitation. Si votre collaborateur se vexe, expliquez-lui calmement la situation : « Je ne pense pas que ma participation à ce séminaire me sera utile, car le thème abordé ne concerne pas mon domaine professionnel. » Le silence n'est pas une solution, car il peut engendrer un sentiment de frustration ou de colère chez votre interlocuteur, ce qui dégradera votre relation. Personne ne peut deviner ce que vous ressentez si vous ne l'exprimez pas.

Une bonne communication

Prendre conscience de la nécessité de s'exprimer est un premier pas. Mais comment faire concrètement ? Commencez par préparer votre élocution en vous basant sur des faits réels et tangibles grâce aux questions clés de la grille QQOQCC : « Qui ? Quoi ? Où ? Quand ? Comment ? Combien ? » Il s'agit de présenter les éléments de manière précise et objective sans émettre de généralités, d'opinions personnelles ou d'accusations. En vous appuyant sur des informations que vous maîtrisez, vous prendrez de l'assurance et vous vous exprimerez avec plus d'aisance, car vos propos pourront difficilement être mis en doute.

Adoptez une communication calme et appropriée pour exprimer vos ressentis et vos besoins. Cela diminuera les tensions et facilitera la compréhension de chacun. Donnez du sens à vos paroles et formulez des demandes claires et concises en vous assurant que celles-ci auront une conséquence positive pour les deux parties. Durant l'échange, laissez également votre interlocuteur s'exprimer et écoutez son point de vue. Les exemples repris ci-dessous illustrent les attitudes à éviter et celles à adopter pour développer un comportement assertif.

Exemples de communication assertive

Comportement à éviter	Comportement assertif
« Tes dossiers ne sont jamais classés ! Tu es vraiment négligent ! Nous en avons tous assez, car nous perdons trop de temps à retrouver les documents ».	« Cela fait deux semaines que les dossiers clients ne sont plus classés. Cette situation nous agace car retrouver les documents nous demande trop de temps. Organise-toi pour les ranger ce matin afin que nous puissions traiter les demandes des clients le plus rapidement possible. »
« Comme tu veux… »	« J'entends ta demande, mais cela me dérange de traiter ce dossier de cette façon, car je préfère rester honnête vis-à-vis du client ».

« Je ne peux pas rester plus tard ! ».	« J'ai conscience qu'il s'agit d'un dossier important, mais je dois quitter le bureau à l'heure aujourd'hui, car j'ai un rendez-vous prévu. Vous auriez dû me le demander plus tôt, j'aurais pu m'orga-niser. Cependant, je pourrai terminer ce travail demain matin en arrivant plus tôt, si cela vous convient. »
« Non, c'est impossible ! »	« Nous ne pouvons pas envoyer ce rap-port ce matin, car l'imprimante est en panne et nous atten-dons le réparateur. Par contre, je peux le transmettre par mail en attendant. »

Après avoir écouté votre interlocuteur et exprimé vos besoins, concluez l'échange sur une note positive en trouvant un compromis. N'oubliez pas les maîtres mots de l'assertivité : empathie, affirmation de soi et respect de l'autre.

TOP CONSEILS

- **Ni paillasson ni hérisson.** En restant passif, vous compromettez votre propre bien-être, mais en étant agressif, vous risquez de devenir le paria de l'entreprise. Trouvez le juste équilibre : un comportement assertif consiste à affirmer et à faire respecter ses besoins, ses limites ou son opinion avec bienveillance et fermeté sans les imposer aux autres.
- **Apprenez à vous connaître.** Pour pouvoir vous affirmer, prenez conscience de vos valeurs, de vos craintes, de vos émotions, de vos besoins et de vos limites. Il vous sera impossible de les exprimer avec authenticité si vous les ignorez.
- **Respectez votre personne et votre interlocuteur.** Cela passe par l'expression de vos besoins et de vos ressentis. Les taire engendrerait de la frustration ou du stress. Se respecter, c'est aussi savoir dire « non » lorsque la situation l'exige. De plus, entendre et comprendre l'autre ne suffit pas ; vous devez vous assurer que vos idées et vos propos prennent en compte les intérêts de votre interlocuteur.

- **Ouvrez-vous à l'autre.** Avant de vous exprimer, écoutez l'autre, soyez ouvert à ses ressentis et ses propos afin de comprendre ses intérêts et de trouver un compromis avec les vôtres.

- **Exprimez vos émotions.** Lors d'une situation difficile ou conflictuelle, identifiez, acceptez et canalisez les émotions ressenties (colère, tristesse, etc.) afin de ne pas vous laisser envahir par elles. Utilisez-les positivement en les exprimant clairement à votre interlocuteur afin que ce dernier comprenne l'impact de ses paroles et de ses actes sur vous. Si vous réagissez vivement sans fournir de raison, vous donnerez l'image d'une personne imposante, lunatique, colérique, mais certainement pas assertive.

- **Posez-vous les bonnes questions.** Il s'agit ici d'analyser la situation pour la comprendre et mieux l'aborder. Demandez-vous en quoi celle-ci vous dérange ; quels sont vos besoins et ceux de l'autre ; quel genre de limite votre interlocuteur a-t-il franchie ; etc. Enfin, débloquez la situation en formulant cette question : « Quelle solution pourrait être bénéfique pour chacun ? »

- **Osez dire « non ».** Relativisez : refuser une demande n'engendre pas toujours des situations catastrophiques. Cependant, ne les rejetez pas toutes pour autant ; analysez-les et mesurez-en les retombées avant de prendre votre décision : « Quels seront les avantages et les inconvénients j'accepte ? »
- **Concluez sur une note positive.** Comme dans le cadre de la Communication NonViolente, il est très important de terminer le dialogue sur un accord bénéfique pour les deux parties. N'oubliez pas de remercier votre interlocuteur pour son écoute durant votre échange.

L'ASSERTIVITÉ DANS LA COMMUNICATION NONVIOLENTE

L'assertivité est l'une des capacités communicationnelles fondamentales dans le cadre de la Communication NonViolente, méthode élaborée par le psychologue américain Marshall Rosenberg (1934-2015). Alors que l'assertivité correspond à une attitude, la Communication NonViolente renvoie directement à une technique de communication. Basées toutes les deux sur l'authenticité, l'empathie et le respect, elles servent à s'exprimer clairement et fermement, mais sans agressivité, afin de rester en accord avec soi-même tout en considérant les besoins de l'autre.

- **Pesez vos mots et vos gestes.** Pour vous affirmer sans paraître agressif, il est important d'adopter un vocabulaire posé, respectueux et adapté à la situation. Veillez également à votre voix : ne parlez pas trop fort et maintenez un ton neutre. Quant au langage corporel, il joue un rôle primordial. Dès lors, prêtez attention à vos gestes (par exemple pointer quelqu'un du doigt peut être pris pour une agression) et à vos expressions de visage (évitez les sourires narquois). Tenez-vous droit afin de donner l'image d'une personne sûre d'elle et ferme.
- **Ne cédez pas.** Si vous souhaitez développer un comportement assertif, soyez cohérent avec vos propos en restant ferme sur vos positions. Si vous cédez, vous risquez de perdre toute crédibilité face à votre interlocuteur qui ne tiendra plus compte de vos paroles lors du prochain échange.
- **Prenez du recul.** Même si vous êtes persuadé de connaître vos besoins à un moment précis,

il est possible que vous changiez d'avis à froid. Ne prenez pas de décisions importantes sous le coup de l'émotion.

Oser s'affirmer ne signifie pas être désagréable ou arrogant. En étant assertif, vous donnerez l'image d'une personne confiante et rassurante, ce qui améliorera vos relations avec vos collaborateurs et supérieurs hiérarchiques. Attention toutefois à rester vous-même : si vous êtes réservé, il n'est pas nécessaire de vous forcer à vous imposer outre mesure, du moment que vous ne vous sentez pas écrasé. Il n'existe pas qu'un seul type d'assertivité, alors composez avec votre personnalité.

FAQ

QU'EST-CE QUE L'ASSERTIVITÉ ?

Il s'agit d'un comportement et d'un mode de communication basés sur le respect de soi et des autres. L'assertivité invite à s'affirmer, exprimer ses besoins ou son point de vue, à défendre ses intérêts tout en respectant ceux de son interlocuteur. Une personne assertive ose dire ce qu'elle pense avec confiance et assurance tout en restant ouverte et bienveillante. En développant une telle attitude, vos relations professionnelles et votre bien-être s'amélioreront.

DANS QUELLES SITUATIONS L'ASSERTIVITÉ PEUT-ELLE ME SERVIR ?

Ce comportement peut être utile dans bon nombre de situations face à supérieur ou à un collègue, que ce soit lors de réunions ou lors d'un désaccord. L'assertivité est également très appropriée dans le cadre de la Communication NonViolente.

Notez qu'il est impératif de se montrer assertif face à la bonne personne. En effet, affirmer son opinion face à une personne qui n'est pas décisionnaire vous apportera peu de bénéfices. Par exemple, votre manager vous demande de terminer un chantier pour la fin de semaine. Cela vous est impossible, car vous n'avez pas les matériaux requis. Le démontrer objectivement et calmement à un collègue ne vous aidera pas. Contactez directement votre supérieur hiérarchique et expliquez-lui la raison pour laquelle vous êtes dans l'incapacité de répondre positivement à sa requête.

COMMENT ÊTRE ASSERTIF SANS PARAÎTRE AGRESSIF OU ARROGANT ?

Une personne assertive n'est ni arrogante ni agressive. Si ce comportement est parfois considéré comme tel, il s'agit simplement d'une mauvaise interprétation ou d'une erreur de communication. Prêtez attention à votre langage verbal et corporel afin de ne pas transmettre une mauvaise image de vous. S'affirmer avec fermeté et confiance ne signifie pas marcher sur les autres. Trouvez l'équilibre pour exprimer vos besoins sans frustrer ni blesser votre interlocuteur.

ASSERTIVITÉ OU ÉGOÏSME ?

Manifester votre point de vue, notamment par un refus, ne signifie pas que vous êtes égoïste. Pour cela, veillez à vous exprimer de la bonne manière : restez en accord avec vous-même, respectez l'autre, et prenez en compte vos besoins respectifs afin de dégager une solution *win-win*.

COMMENT CHANGER MON COMPORTEMENT POUR ÊTRE PLUS ASSERTIF ?

Commencez par réaliser un travail sur vous-même afin d'apprendre à vous connaître. Posez-vous les bonnes questions : « Qui suis-je ? Qu'est-ce que j'aime ? Qu'est-ce que je déteste ? Quelles sont mes capacités, mes compétences ? Quels sont mes points faibles ? Quels sont mes craintes, mes valeurs, mes limites, mes besoins ? »

Ensuite, prenez votre courage à deux mains et exprimez ce que vous pensez. Donnez votre opinion calmement mais fermement, en vous assurant de ne pas heurter votre interlocuteur et de respecter les intérêts de chacun. N'oubliez pas de rester ouvert et réceptif à l'autre en l'écoutant et en considérant son point de vue.

QUEL IMPACT L'ASSERTIVITÉ PEUT-ELLE AVOIR SUR MA VIE PROFESSIONNELLE ?

Ce comportement transformera votre horizon professionnel en vous aidant à :

- développer une communication et des relations professionnelles saines et basées sur le respect mutuel ;
- diminuer les sources de conflits et améliorer l'ambiance générale ;
- motiver vos équipes en vous affirmant avec confiance et fermeté ;
- rendre vos réunions plus efficaces ;
- négocier ou conclure un contrat avec aisance ;
- dire « non » lorsque votre agenda est surchargé ;

- améliorer votre bien-être professionnel et personnel.

À VOUS DE JOUER !

ÊTES-VOUS ASSERTIF ?

Cet exercice vous invite à évaluer votre niveau d'assertivité et à déceler les comportements que vous pouvez améliorer. Repensez à un moment où, suite à une demande d'un collègue ou d'un supérieur, vous avez répondu « oui » alors que vous auriez souhaité refuser, et répondez aux questions suivantes :

- Quelle était la demande de votre interlocuteur ? Était-ce un « il faut » ou un « ce serait bien si » ?
- De quel genre de limite s'agissait-il pour vous ?
- À ce moment-là, quels étaient vos envies et vos besoins ? Les avez-vous exprimés ?
- Quel était votre ressenti ? L'avez-vous évoqué ?
- Vos valeurs ont-elles été respectées ?
- Avez-vous exprimé tout ce que vous souhaitiez ? Si oui, quelles conséquences vos paroles ont-elles entraînées ? Si non, pourquoi ?

- Avez-vous entendu et compris les besoins et les valeurs de votre interlocuteur ? Si oui, quels étaient-ils ? Si non, pourquoi ?
- Qui a pris la décision finale ? Vous, lui ou les deux sur un compromis ? Pourquoi ?
- Avez-vous rencontré le besoin et l'occasion de négocier ?
- Si l'échange s'est mal terminé, quelle attitude auriez-vous pu adopter pour conclure sur une note positive ?

OSER S'AFFIRMER

Listez différents contextes dans lesquels vous avez éprouvé des difficultés à vous affirmer. Cet exercice vous aidera à mieux vous connaître, à analyser les situations et à les relativiser afin d'oser exprimer et assumer vos besoins.

Exercice : oser s'affirmer

Situation			
Mes limites/ mes besoins			
Négociations possibles			
Conséquences si je dis « non »			

Votre avis nous intéresse !
Laissez un commentaire sur le site de votre
librairie en ligne et partagez vos coups de cœur sur
les réseaux sociaux !

POUR ALLER PLUS LOIN

SOURCES BIBLIOGRAPHIQUES

- CORTEN (Philippe), *Tuer le stress avant qu'il ne nous tue ! Manuel pratique de gestion du stress*, Bruxelles, Clinique du Stress CHU Brugman, 2006.

- « Définition et utilité de l'assertivité », in *Assertivité*, février 2013, consulté le 2 septembre 2015.

- LE GUERNIC (Agnès), « Les positions de vie », in *AT*, consulté le 25 septembre 2015. http://analysetransactionnelle.fr/les-concepts-de-base/les-positions-de-vie/

- TOURNEBISE (Thierry), « Assertivité. L'affirmation de soi dans le respect d'autrui », in *Maieusthesie*, septembre 2001, consulté le 2 septembre 2015. http://maieusthesie.com/nouveautes/article/assertivite.htm

SOURCES COMPLÉMENTAIRES

- BRONCKART (Véronique), *La Communication NonViolente en milieu professionnel*, Bruxelles, Lemaitre Publishing, 2015.

- GRIVEL (Sylvie), *Être soi dans ses relations. Développer son assertivité en entreprise*, Paris, Eyrolles, 2014.

- HADFIELD (Sue) et HASSON (Gill), *Développez votre assertivité dans toutes les situations*, Paris, Leduc.s Éditions, 2012.

- SCHULER (Éric), *Comment s'affirmer. L'assertivité au quotidien, ni hérisson, ni paillasson*, Paris, Éditions d'Organisation, 1992.

ISBN ebook : 978-2-8062-6502-9
ISBN papier : 978-2-8062-6503-6
Dépôt légal : D/2015/12603/236
Photo de couverture : © baranq - Fotolia.com

Conception numérique : Primento, le partenaire numérique des éditeurs